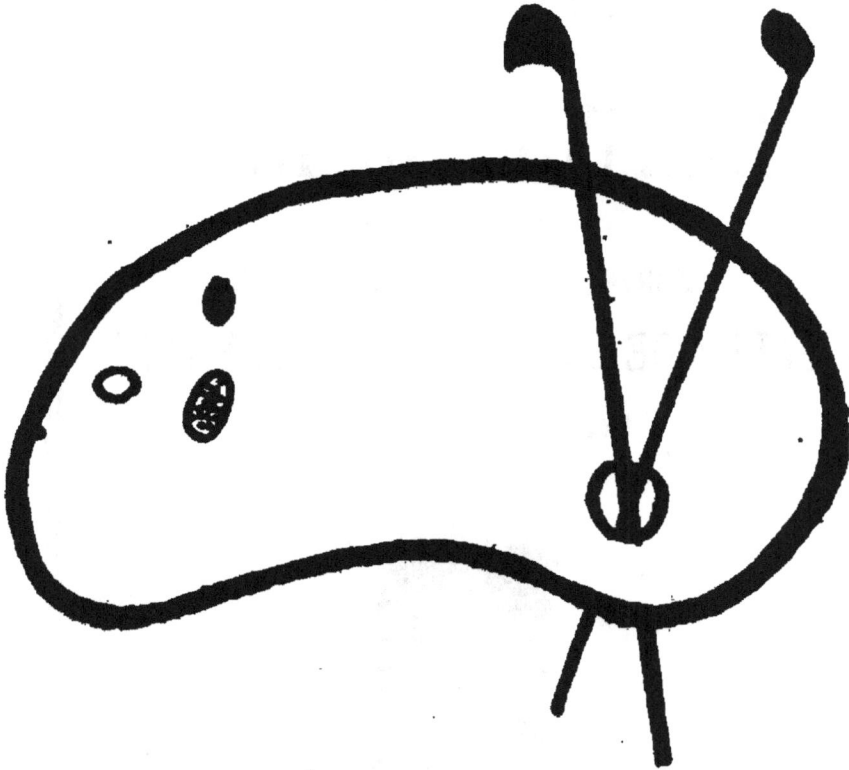

**COUVERTURE SUPÉRIEURE ET INFÉRIEURE
EN COULEUR**

HISTORIQUE

DU

THÉATRE DE REIMS

PRÉCÉDÉ D'UN

Souvenir Rétrospectif sur la

SALLE DE LA RUE DE TALLEYRAND

Par V. GRANDVALET

REIMS

V. GRANDVALET FILS

IMPRIMEUR-LIBRAIRE

Rue Chanzy, 1

1892

HISTORIQUE

DU

THÉATRE DE REIMS

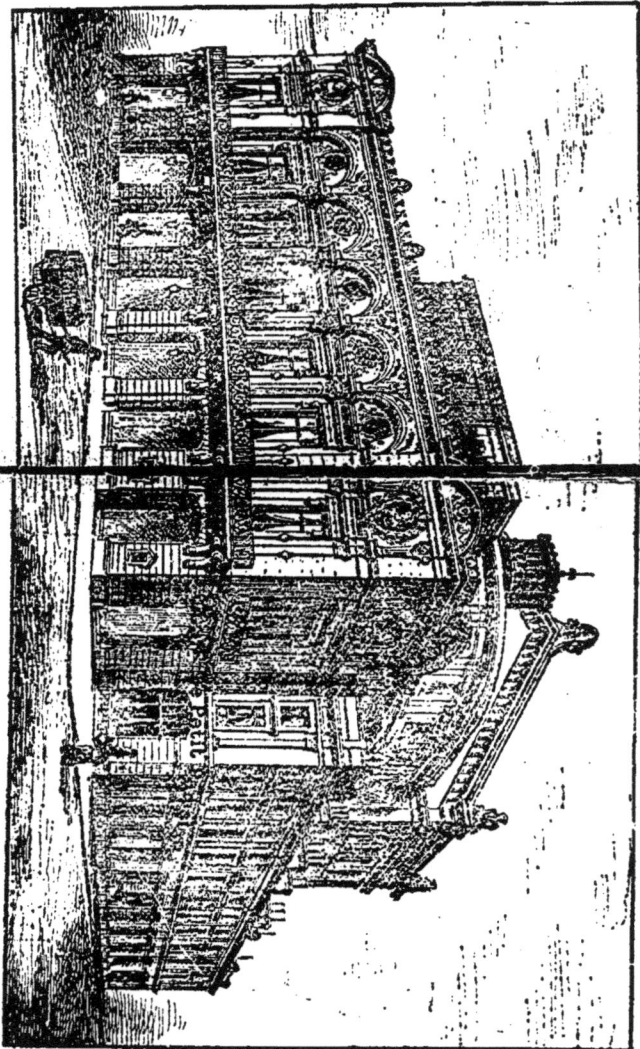

Façade du Théâtre de Reims

VUE PRISE AU COIN DE LA RUE CHANZY

HISTORIQUE

DU

THÉATRE · DE REIMS

PRÉCÉDÉ D'UN

Souvenir Rétrospectif sur la

SALLE DE LA RUE DE TALLEYRAND

Par V. GRANDVALET

REIMS

V. GRANDVALET FILS

IMPRIMEUR-LIBRAIRE

Rue Chanzy, 1

1892

Ⓒ

PRÉFACE

En venant occuper le local situé rue Chanzy, n° 1, une des dépendances du Grand Théâtre, j'ai pensé qu'il m'appartenait, comme imprimeur-libraire-éditeur, d'inaugurer ma nouvelle installation par un essai historique sur ce magnifique édifice, l'un des plus beaux monuments actuels de la ville, qui a remplacé la modeste salle de la rue de Talleyrand.

Malgré l'apparente futilité du sujet, j'ai trouvé quelque intérêt à son étude, et j'ai cru être utile à l'histoire de notre cité en publiant cette modeste brochure.

Cet ouvrage n'est sans doute pas parfait, je le dis sans fausse modestie; mais au moins y trouvera-t-on fort peu de choses à rectifier : la raison en est que j'y ai mis plus des autres que de moi-même, en remontant toujours aux sources premières, aux entrepreneurs eux-mêmes qui sont encore nos contemporains et par conséquent devaient être les mieux renseignés.

Hors des documents originaux, on ne fait pas de l'histoire, on improvise. Ce n'est pas le cas ici, comme pour un roman.

HISTORIQUE

DU

THÉATRE DE REIMS

SALLE DE LA RUE DE TALLEYRAND

Avant d'entrer dans tous les détails qui font l'objet de cette brochure, je crois devoir jeter un regard rétrospectif sur l'ancien théâtre de la rue de Talleyrand, et en quelques lignes rappeler au souvenir de mes concitoyens cette modeste salle qui satisfaisait nos prédécesseurs et dans laquelle nos pères et nous-même se sont tant de fois récréés.

Au commencement du dix-huitième siècle, Reims n'avait pas encore de salle de spectacle proprement dite. A cette époque le goût des représentations théatrales devint la passion dominante des Parisiens, et de la capitale elle se répandit rapidement en province.

Le plus ancien théâtre dont on a trouvé des traces à Reims fut celui qu'on construisit dans la rue Buirette, au coin de la rue Caqué, dans le local même du *Jeu de Paume.*

En 1790, un sieur Draveny, propriétaire d'un terrain situé vers le milieu de la rue Buirette (alors rue Large), éleva une autre petite salle de spectacle. Mais en 1832 cet emplacement fut acheté par la société des Francs-Maçons, qui bâtit en cet endroit un local pour ses séances.

Ce fut en 1777 qu'une société d'amateurs, composée de MM. Jobert, Polonceau, Sutaine et Bourgongne, fit construire la salle de la rue de Talleyrand, remplacée aujourd'hui par une Ecole des Beaux-Arts. Pour former le capital nécessaire à leur projet, ces quatre vaillants Rémois se partagèrent cent quinze actions de trois cents livres chacune, qui, suivant leur convention, ne devaient procurer aucun bénéfice, car il était entendu que le produit des recettes serait attribué entièrement à cette utile institution que nous appelons aujourd'hui Bureau de Bienfaisance.

Disons encore que ce vieux théâtre eut des jours de gloire et des nuits de fête : les bals, les concerts y partagèrent maintes fois, avec l'opéra et le drame, l'honneur d'amuser les Rémois. Les Ligier, les Rachel, les Roger, les Renard, les Déjazet, etc., s'y firent entendre alternativement.

Le 29 janvier 1885 M. Maillet, adjoint, assisté de MM. Richard et Hanesse, conseillers municipaux, procédèrent à l'adjudication, moyennant 460 francs, des matériaux provenant de ce vieil édifice devenu trop étroit pour la population de notre cité.

PROPOSITIONS DIVERSES POUR LE CHOIX D'UN EMPLACEMENT

L'emplacement à choisir pour l'élévation de notre Théâtre actuel donna lieu à des propositions qui furent faites à l'Administration. Les journaux de cette époque n'admettaient que deux endroits sur lesquels on pouvait construire une nouvelle salle : d'abord l'angle encore inachevé de la place Royale et de la rue des Tapissiers, puis l'emplacement de l'ancienne salle, agrandi par l'acquisition de toutes les maisons qui séparaient le théâtre de la rue du Cadran-Saint-Pierre, connue à cette époque sous la dénomination très prosaïque de rue Pavée-d'Andouilles (1). Pour ce dernier projet, on aurait construit une salle provisoire dont on se serait servi pendant deux années, temps jugé nécessaire pour la nouvelle édification.

Vint ensuite un troisième projet, sur la place des Marchés, avec façade regardant la Halle.

Une autre proposition, faite très sérieusement, fut la place Saint-Nicaise, avec service d'omnibus. Ce choix était motivé en raison de l'influence morale que le théâtre pouvait exercer sur la classe ouvrière, et qu'en

---

(1) La rue Pavée-d'Andouilles devait probablement son nom au genre de commerce qui s'y faisait. Les foires de la Madeleine et de Saint-Remi s'y tenaient, comme de nos jours, dans la rue de Talleyrand et les rues adjacentes, puis se continuaient vers la rue de l'Arbalète jusqu'à la rue du Clou-dans-le-Fer. Les marchands étalaient les andouilles, saucissons, etc., sur le sol garni de paille. Ces foires au lard étaient renommées aux alentours depuis le XIV° siècle.

le plaçant au milieu d'elle, on aiderait grandement à ce résultat. Cette idée, ajoutait l'auteur, devait procurer une grande économie d'argent, parce qu'il serait facile d'acquérir dans ce quartier des terrains à bas prix.

Puis vinrent les propositions pour la place Royale, maison dite de la Douane; la rue Chanzy, partie comprise entre les rues Hincmar et du Couchant; la rue de Talleyrand, ancien roulage Luzzani et maisons voisines; la rue Buirette, maison Ladague; la place Drouet-d'Erlon, au coin de la rue Buirette; la place de l'Hôtel-de-Ville; le Boulingrin de l'ancienne Porte Mars; la place Godinot, etc.

La proposition pour la place Saint-Nicaise ne tint pas longtemps debout; quant à celle de la maison de la Douane, on l'abandonna parce que le terrain devait coûter au bas mot 700,000 francs.

Une autre idée non moins bizarre fut celle de transporter la statue de Louis XV sur la place de l'Hôtel-de-Ville et d'élever au centre de la place Royale une rotonde, comme à Bordeaux.

Enfin la proposition des Loges-Coquault, entre les rues de Contray et Gambetta, fut étudiée attentivement et en dernier lieu repoussée.

Après avoir examiné toutes ces propositions et à la suite de plusieurs délibérations, le Conseil municipal choisit définitivement l'emplacement sur lequel est construit le Théâtre, et à notre avis aucun autre endroit ne pouvait lui être préféré.

—◦≼✦≽◦—

CONCOURS, ADJUDICATION

Le théâtre a une importance relative considérable, c'est un des plaisirs les plus sains qu'on puisse se procurer, c'est même souvent un moyen puissant de moralisation. Le théâtre est un ennemi du cabaret, c'est pourquoi nous l'avons en haute estime. Dans ces conditions, une ville importante comme Reims, qui possède une population ouvrière aussi considérable, est dans l'obligation d'avoir un bon théâtre et devait faire de grands sacrifices pour arriver à ce but. C'est ce que comprirent parfaitement nos édiles, comme on va le voir.

Le Conseil municipal de Reims, dans sa séance du 18 juillet 1866, réuni sous la présidence de M. Werlé, maire, décida que le projet de construction d'un nouveau Théâtre à édifier serait mis au concours, et arrêta le programme et les conditions de ce concours. Une prime de 12,000 francs était le prix moyennant lequel la ville devenait propriétaire du plan adopté en première ligne et devant servir à l'édification du Théâtre ; l'auteur du projet placé au second rang devait recevoir une indemnité de 3,000 francs. Enfin le troisième concurrent toucherait une somme de 1,000 francs. Il y avait aussi des mentions particulières avec médailles pour les auteurs des quatrième, cinquième et sixième projets.

Cinq architectes renommés de Paris, quatre conseillers municipaux, un membre de la commission théâtrale et M. le Maire pour président, furent désignés pour être les juges du concours.

Trois jours plus tard, la commission du jury fut complétée par l'adjonction de quatre conseillers municipaux : MM. Gallois, Midoc, Rome et Villeminot; M. A. Legrand en fit aussi partie en sa qualité de membre de la commission du théâtre.

Les architectes parisiens auxquels la municipalité avait fait appel étaient MM. Dubon, Questel, Ballu, Lefuel et de Gisors, qui furent nommés, sur la demande de M. Werlé, par le maréchal Vaillant, ministre des Beaux-Arts.

On stipula que les plans seraient présentés avec des devises pour signatures, et nous nous rappelons en avoir remarqué de très originales.

Les concurrents devaient établir leur devis sur un chiffre de 660,000 à 800,000 francs, en ne perdant pas de vue que la nouvelle salle devra surtout contenir un grand nombre de places à bon marché pour la population ouvrière. Le terrain était déjà acheté et payé en grande partie.

Il était évident que ces deux sommes de 660,000 et 800,000 francs, comme limite extrême, seraient encore dépassées par suite d'imprévus que l'on rencontre toujours dans des constructions de ce genre.

Pendant quinze jours consécutifs, le public fut admis à examiner les quarante-huit plans présentés, et cette exposition à l'Hôtel-de-Ville attira même bon nombre d'amateurs.

M. le Maire, dans la séance du conseil du 9 août, rendit compte du résultat du concours qui avait eu lieu le 2.

Le projet n° 11, qui avait pour devise : *Castigat*

ridendo mores, et dont M. Alphonse Gosset était l'auteur, fut placé en première ligne à l'unanimité. Nous pouvons voir que le jury eut une bonne inspiration en choisissant le plan de notre concitoyen qui fut exécuté avec quelques petits changements sans importance.

Le n° 24, appartenant à M. Paul, architecte à Paris, obtint le second rang.

M. Adolphe Tièche, architecte à Paris, arriva troisième dans les décisions du jury.

L'adjudication des travaux du gros œuvre, s'élevant à 698,850 francs, eut lieu le 2 mai 1867 : les terrassements, la maçonnerie, la plâtrerie furent adjugés à M. Aupetit, dit Bernard, la charpente en bois à M. Renneville, la charpente en fer à MM. Leture et Baudet, la menuiserie à MM. Jacquart, la serrurerie à M. Closson, les appareils de chauffage et de ventilation à M. d'Hamelincourt, la couverture à M. Ballet.

MM. Bardin et Lebœuf furent chargés de l'ameublement du foyer.

Un an après on adjugea la peinture à M. Chaudouet, la sculpture fut réservée à MM. Wendling et Pilet, la décoration et dorure à M. Bin, la machinerie et les décors, y compris le rideau de la scène à M. Diosse fils, et nous affirmons que nul autre théâtre n'est mieux machiné.

Plus tard, en 1868, le Conseil vota des suppléments de crédit se montant à 310,158 francs. On critiqua ce vote qui était pourtant indispensable. Mais l'écart entre les prévisions et la somme réelle nécessaire était encore peu de chose quand on pense que l'Opéra de Paris, qui devait coûter 14 millions, est arrivé au chiffre incroyable de 36,000,000 !

Disons en passant que si M. Gosset peut revendiquer la paternité de notre Théâtre — il a lieu de s'en glorifier — il eut aussi pour collaborateurs éclairés et dévoués MM. N. Brunette et Leclère.

DÉMOLITION ET CONSTRUCTION

L'emplacement une fois choisi, il fallut acquérir les maisons numéros 5, 7 et 7 bis, rue Chanzy, au prix de .... 120,000 fr.

Deux maisons à l'angle de la rue de Vesle et rue Chanzy,	30,000
Maison rue de Vesle, 9,	25,000
Même rue, 7,	23,000
Maison place du Palais-de-Justice, 5,	42,000
Hôtel du Palais, rue Tronsson-Ducoudray, 2,	50,000
Maison rue Vesle, 11,	9,500
Maison rue de Vesle, 13,	11,000
Maison rue Tronsson-Ducoudray, 4,	30,000

La démolition de ces immeubles commença le 1er mai 1867 et dura jusqu'à la fin de 1868.

Ensuite un grand travail de terrassement devint indispensable. Il fallut creuser pour le dessous de la scène une immense excavation de vingt-cinq mètres de largeur sur quatorze mètres de profondeur. On encadra ce trou de murailles avec contreforts en pierre. Presque partout on a trouvé le terrain solide du banc de craie ; mais comme il était au niveau de l'eau, ce banc de craie humide n'a pas été jugé assez résistant, aussi l'architecte fit-il couler un épais enrochement en béton formé de meulière concassée et de mortier hydraulique.

En pratiquant ces fouilles on mit à découvert l'ancien fossé de l'enceinte gallo-romaine de la ville. Sur certains points il a fallu enfoncer des pieux de pilotis à l'aide du treuil à déclic.

L'emplacement proprement dit du monument occupe une surface de 2,270 mètres superficiels.

Dès les premiers jours de 1869 une armée d'ouvriers s'abattit en cet endroit occupé la veille par des hôtels, des cafés, des maisons bourgeoises, et quelques mois après les murs s'élevèrent rapidement et la maçonnerie continua sans interruption.

Puis vint l'année terrible, et quand la guerre de 1870 éclata, avec l'invasion à sa suite, le gros œuvre de notre Théâtre était entièrement terminé : les travaux durent être suspendus. Heureusement que l'aménagement intérieur était peu avancé, sans quoi les Allemands se fussent logés dans le foyer, dans la salle, partout où ils auraient pu s'abriter.

M. Diancourt était maire de Reims quand on signa la paix. Il poussa activement les travaux du Théâtre et eut la bonne fortune de les parachever.

DESCRIPTION DU MONUMENT

Sans être animé d'un enthousiasme de clocher, nous pouvons dire que Reims possède un monument digne d'elle, dont les diverses installations y sont bien conçues, bien aménagées, au point de vue de la solidité, de l'élégance, du confortable et de la sécurité.

La façade, suffisamment ornée, est garnie d'un balcon en fer forgé et éclairée par douze gros globes qui répandent la lumière dans la rue. C'est à M. Wendling que l'on doit la sculpture qui la décore.

Le grand portique d'accès constitue une heureuse disposition : il permet au public d'attendre à l'abri de l'injure du temps l'ouverture des guichets et des bureaux.

La première pièce dans laquelle on pénètre est un vaste hémicycle où se trouvent le contrôle et la statue de Molière, par Caudron.

Dans ce vestibule sont les escaliers d'accès à chaque étage, pour chaque catégorie de places, les escaliers de sortie, l'escalier d'honneur conduisant aux loges, aux fauteuils de balcon et au foyer.

Cette belle salle, nommée le grand Foyer public, est réussie en tous points ; elle a vingt mètres de long et huit de hauteur ; deux salons sont à l'extrémité. Le plafond est décoré de médaillons d'auteurs et de motifs allégoriques ; puis, dans la partie haute, on remarque des caissons ornés, dont les principaux renferment des figures peintes par E. Bin, sur fond or et découpés en mosaïque antique : la *poésie héroïque*, la *poésie lyrique*, la *poésie pastorale* et la *poésie satirique*.

Chaque salon a une décoration spéciale, l'un consacré à la Tragédie, l'autre à la Comédie ; chacun d'eux contient trois portraits médaillons d'acteurs célèbres, dans le costume d'un de leurs grands succès ou rôles : 1º Talma, Frédéric Lemaître et Rachel ; 2º Baron, Préville, Mlle Mars. Puis deux plafonds circulaires où sont peintes, sur fond or : dans le salon de la Comédie, des scènes de Palaprat *(Maître Patelin)*, de Plante *(danse)*, de Molière *(Tartufe)*, de Beaumarchais *(Barbier de Séville)* ; dans celui de la Tragédie, des scènes de Corneille (*Horace*), de Victor Hugo (*Lucrèce Borgia*), de Shakespeare (*Hamlet*), d'Eschyle (*Prométhée* et les *Océanides*).

Ensuite on arrive dans la salle de spectacle disposée en fer à cheval, entourée à chaque étage d'un couloir desservant toutes les pièces du service, vestiaire, cabinet médical, etc. Construite à quatre étages, elle contient treize cent soixante places ; le pourtour est divisé en neuf arcades, qui se relient avec le cadre de la scène ; leurs cintres ou voussures, décorés de Génies ailés, portent sur une frise ajourée.

La coupole est divisée en caissons rayonnants, dont les douze principaux contiennent chacun une figure allégorique des industries de la ville, peinte par E. Bin, sur fond rehaussé d'or, ce sont : *Apollon*, les *Neuf Muses*, une *Vendangeuse* et une *Fileuse*.

Les balcons en corbeilles entre les colonnes sont en staff gaufré.

L'architecture, proportionnée pour faire valoir les personnes, grandir la salle et la scène, se détache en un ton clair rehaussé d'or, sur fonds rouges.

Après avoir examiné toute la partie du monument consacrée aux spectateurs, nous allons jeter un rapide coup d'œil sur celle qui leur est fermée, c'est-à-dire sur la scène et ses dépendances, ses remises de chaque côté pour les décors du répertoire courant, la régie, le foyer des artistes, les loges d'acteurs, vestiaires, ateliers, etc.

A la suite il y a un vaste magasin pour remiser tous les décors et accessoires ; au-dessous de ce magasin se trouve le dépôt central des pompes, échelles, etc., des sapeurs-pompiers.

Disons ici que dans les couloirs de service comme au foyer des répétitions, des écriteaux bien en vue, signés de M. Diancourt, maire de Reims (aujourd'hui sénateur), interdisent formellement au public l'accès de cette partie du théâtre et aussi l'entrée des loges des artistes. Cette sage mesure fut motivée par les ennuis et les réclamations d'ordre moral qui étaient arrivées à l'Administration municipale, quand les spectateurs pouvaient se promener et même séjourner dans les coulisses de l'ancienne salle de la rue de Talleyrand.

Montrons d'abord les dimensions des différentes parties qui se trouvent derrière le rideau.

La largeur de la scène, prise aux murs latéraux, est de dix-huit mètres.

Sa profondeur, depuis la rampe de l'orchestre jusqu'au dernier fond, de quatorze.

La hauteur totale, depuis le dernier plancher des dessous jusqu'au faîte du comble, atteint trente-trois mètres.

Par le simple énoncé de ces chiffres, on voit quelles grandes proportions ont été données à cette scène qui peut être considérée comme une des plus grandes que l'on rencontre en province.

Dans le cintre se trouvent la plupart des moteurs des décors ; à droite, à gauche, au-dessus des coulisses est disposé un arsenal d'engins et de chevilles, sur lesquels se relient les plafonds, les poignées, les gros fils, les fermes, les herses, les soutiens, les adjuvants de la machinerie théâtrale.

Six ponts établis dans les frises, depuis le manteau d'arlequin jusqu'au mur du fond, traversent la scène dans toute sa largeur et facilitent la manœuvre des grosses pièces de la décoration.

Au-dessus de tout cela, il y a une quantité innombrable de tambours, de moufles, de poulies, de contre-poids ; c'est de là que partent des milliers de cordages dont l'amalgame paraît inextricable, et où pourtant chaque fil, si mince qu'il soit, a son nom, son numéro, son utilité spéciale et son jeu régulier, comme tout cordage sur un navire à voile.

Si des cintres nous descendons tout à coup dans les dessous, là encore nous trouvons quatre étages, reproduisant tous les plans de la scène. Les treuils, les tambours, les appareils de tout genre sont répartis dans les profondeurs avec la même profusion que dans les étages supérieurs, et la manœuvre des grands changements à vue y trouve à sa disposition un arsenal d'ustensils dont l'usage échappe à quiconque n'est point au fait des choses de la machinerie. C'est tout cet attirail qui permet de monter les splendides fééries que nous admirons tous les ans en temps de foire de Pâques.

Au-dessus de la salle, près du treuil servant à remonter le lustre, on a établi un réservoir de plusieurs hectolitres d'eau, avec des conduites pouvant distribuer cette eau sur toutes les parties de la scène, pour combattre les débuts d'un incendie.

Tous les soirs, aussitôt la représentation terminée, on descend un rideau métallique qui isole la salle de la scène. Enfin, toujours par mesure de précaution, les décors, coulisses, accessoires, etc., ont été imprégnés d'une substance chimique qui les rend ininflammables. Egalement dans un but de sécurité, la scène est éclairée à l'électricité.

Les ailes sur les rues latérales sont occupées d'un côté par le Café du théâtre, les appartements du chef machiniste et le bureau de location ; de l'autre par la librairie Grandvalet, M. Martinon, fabricant de biscuits, le concierge du théâtre, les appartements du commissaire central et du directeur du théâtre.

De cet ensemble, chaque partie se détache extérieurement, suivant son importance : la scène, la salle demi-circulaire, le foyer, puis les ailes, et se fait remarquer par une décoration appropriée à sa destination.

M. Wendling est l'auteur de la sculpture des frises et chapiteaux.

En terminant, disons que le directeur actuel, M. Villefranck, a obtenu de la municipalité le privilége de diriger le théâtre de Reims pendant l'année 1892-1893.

La prochaine saison théâtrale ouvrira le samedi 15 octobre.

LUSTRE — ÉCLAIRAGE

Nous avons cru devoir consacrer un chapitre spécial au lustre de notre salle.

Deux jours avant l'ouverture du nouveau Théâtre, on fit une répétition générale pour savoir comment fonctionnerait le système d'éclairage dans toutes les parties de l'édifice. Tout marcha à la satisfaction générale.

La pièce principale qui éclaire la salle est un lustre splendide de cent cinquante lumières imitant des bougies. Cette masse de 2,000 kilos a pourtant un aspect très élégant. Le câble qui la supporte, composé de fils de laiton, est d'une puissance considérable ; il s'enroule sur un treuil à vis sans fin, avec un contrepoids équivalent ; un homme seul peut le manier facilement et aucun accident n'est à craindre dans le cas où celui qui le monte ou descend viendrait à lâcher la poignée du treuil. La force du câble de suspension est telle qu'elle pourrait supporter huit fois le poids qui lui est confié.

Deux bras girandoles de vingt-deux lumières complètent l'éclairage de la salle. La rampe, de trente-deux becs, y contribue aussi.

Le foyer n'est pas moins bien partagé ; il a cinq lustres de vingt lumières chacun.

La canalisation ou distribution intérieure du gaz est établie de telle sorte que chaque service, chaque couloir est muni, en cas de fuite ou d'incendie, de clés ou appareils de secours nécessaires.

Tout le système des tuyaux distributeurs est centralisé, à gauche de la scène, dans une petite pièce où le gazier a sous la main la rangée de robinets qui constitue ce qu'on appelle le jeu d'orgues. Il suffit d'un tour de clef pour éteindre les lumières de telle ou telle partie de l'édifice et pour déterminer instantanément les effets de nuit.

MM. Bengel et Simard sont les organisateurs de cet intelligent travail.

Salle du Théâtre de Reims

INAUGURATION

Enfin arriva l'inauguration si ardemment attendue. Dans les derniers jours de février on lu sur les murs de la ville l'affiche suivante :

Ouverture du Grand Théâtre de Reims

LE SAMEDI 8 MARS 1873

Avec le Concours de :

M. BRÉBANT, de la Comédie-Française
M. FEBVRE,   id.
Mme BRINDEAU, de l'Odéon
MM. MENU et RICHARD, de l'Académie nationale de musique
La Musique municipale et l'orchestre du Théâtre.

PROGRAMME

La Chronique Rémoise, prologue en vers, de M. X..., dit par Mme Brindeau.

Le premier acte des **Femmes savantes**, de Molière.

Scène du premier acte de la **Favorite**.

Cavatine de la **Juive**.

Il faut qu'une porte soit ouverte ou fermée, proverbe en un acte.

L'autre motif, comédie en un acte.

Cavatine de **Faust**.

Ouverture d'**Obéron**.

Ouverture du **Domino Noir**.

Ouverture du **Jeune Henri**.

PRIX DES PLACES POUR CETTE REPRÉSENTATION :

Avant-scènes, 7 fr.; Loges de balcon, 6 fr.; Fauteuils d'orchestre et de balcon, 5 fr.; Baignoires, 4 fr. 50; Stalles de parquet et loges de galerie, 4 fr.; Parterre, 3 fr.; Deuxièmes galeries, 1 fr. 50; Amphithéâtre, 1 fr.

Au lever du rideau, Madame Marie Brindeau, de la Comédie-Française, saluait le public par le prologue suivant, intitulé :

CHRONIQUE RÉMOISE

En femme curieuse, ayant dans les coulisses
Regardé, par hasard, je dois vous prévenir
Que Messieurs les acteurs, ainsi que les actrices,
N'étant pas encore prêts, tarderont à venir.
Je viens donc, sans façon, réclamer la parole,
Pour tâcher, tout au moins, de conjurer un peu
L'ennui d'un trop long entr'acte, où notre esprit frivole
Pourrait aux bâillements donner un trop beau jeu.
Mais je crois voir errer un sourire ironique
Qui semble me crier : Que viens-tu faire ici,
Toi qu'on ne connaît pas ?

                    Moi ! je suis la Chronique,
Qui se glisse partout, on le sait, Dieu merci !
Je vais du Nord au Sud, au gré de mon caprice,
Glanant en tous pays les nouvelles du jour ;
Heureuse quand le sort, favorable et propice,
Consent à m'accorder un plaisir en retour.
J'arrive de Paris et je me rends à Vienne,
Demain peut me trouver m'embarquant pour Pékin,
Et sans plaindre jamais ni mon temps ni ma peine,
Je poursuis en rêvant mon éternel chemin.
La lorgnette à la main, je cours ainsi le monde,
Observant les tableaux tristes, fous ou joyeux,
Et je laisse chanter ma lyre vagabonde,
Qui pleure avec les uns et sourit aux heureux.
Grâce au ciel aujourd'hui, dans la cité rémoise,
On voit tous les fronts rayonner de bonheur,
Et briller dans les yeux cette gaieté gauloise
Qui dans ce beau pays fut toujours en honneur,
Mon zèle sera donc cette fois plein de charmes,

Et je pourrai mêler ma voix à vos bravos;
Car si, dans ce théâtre, on fait couler des larmes,
On est certain du moins qu'elles sont sans échos !
    Mais revenons d'abord à cette noble ville
Qui sait à l'industrie allier les Beaux-Arts,
Et garde maintenant, en son âme virile,
Le nom de ses aïeux combattant les césars;
Et qui firent si bien dans ces temps mémorables,
Que Strabon s'écriait, que de tous les Gaulois,
Les plus rudes lutteurs et les plus redoutables
Avaient toujours été les vieux guerriers Rémois.
Dignes de ce renom, vos moblots intrépides,
Soldats improvisés de nos derniers combats,
Ont prouvé, vaillamment, aux Prussiens avides,
Qu'écrasés par le nombre, ils ne reculaient pas !
Les monuments aussi, sur leur robe de pierre,
Nous redisent encore les grands faits accomplis.
Voici la Cathédrale, où, dans son sanctuaire,
Dieu consacrait les Rois. — Là se courba Clovis.
Ces nobles souvenirs, recueillis d'âge en âge,
Ont mis dans tous les cœurs une mâle fierté,
Et pour bien conserver ce pieux héritage,
Chacun fait de son mieux dans l'antique cité;
Livrant avec orgueil aux fastes de l'histoire
Le nom de ces vaillants et généreux enfants
Qui viennent ajouter une page de gloire
A ce passé si plein de succès éclatants.
Oui, c'est avec bonheur que l'on prononce encore
Le nom du grand Colbert, de La Salle, Vely,
Du député Houzeau, du savant Burigny.
Le soldat fait gaîment le salut militaire
En passant sous le bronze où revit de d'Erlon,
L'illustre maréchal, la figure guerrière;
Puis du bon Godinot chacun vante le nom.
On sait que c'est à lui que l'on doit ces fontaines
Qui donnent à la ville et fraîcheur et santé,
Permettant de braver les brûlantes haleines
Que soufflent en août les chaleurs de l'été.

Il est encore un nom qui trouve ici sa place,
Et que chacun de vous a vite désigné,
C'est celui d'un conteur charmant et plein de grâce,
Et nouveau Lafontaine, il signe : Chevigné.
Il prouve que l'esprit bouillonne dans vos têtes
Et que malgré l'avis d'un receveur d'impôts
Champenois et moutons n'ont jamais fait cent bêtes,
Ce qu'il savait fort bien tout en lançant son mot.
Aimant avec amour l'art et la poésie,
Vous avez su toujours, généreux protecteurs,
Fonder cercles, concerts, musées, académies,
Pour charmer les loisirs des vaillants travailleurs :
Car l'esprit vit partout dans l'heureuse contrée
Où passe le raisin des champagnes mousseux,
Et la blonde liqueur, en flûtes concentrée,
Fait à tout l'univers sabler ses crûs fameux.
C'est le vin babillard des douces confidences,
L'âme des gais soupers et des folles chansons,
Lui qui verse l'oubli dans les jours de souffrances
Et des cœurs hésitants fait fondre les glaçons,
Il se prête, un peu trop, je le sais, à la verve
Des avocats bavards débitant leurs discours,
Mais, pour nous consoler, sagement il conserve
Ses flacons les plus fins pour trinquer aux amours.
Par lui tout s'embellit, tout sourit, tout s'éveille,
Et seul il suffirait pour attacher sur vous,
Ses heureux possesseurs, la vogue sans pareille
Qui vous fait triompher de vos rivaux jaloux.
Aussi tout à vos vœux s'empresse de sourire,
Et malgré les malheurs qui dans ces jours de deuil
Ont fait peser sur vous un douloureux martyre,
Votre patriotisme a grandi votre orgueil ;
Et sachant résister à ces rudes atteintes,
Vous avez bravement repris votre labeur,
Etouffant dans vos cœurs vos regrets et vos plaintes,
Pour rendre à la cité son antique splendeur.
La vaste ruche alors, pour panser ses blessures,
Rouvrit ses ateliers, ralluma ses fourneaux,

Relevant tout, métiers, usines, filatures,
Sans oublier des arts les utiles travaux.
Le pauvre vieux théâtre où s'amusaient vos pères,
Etait là ravagé par les assauts du temps,
Et triste il attendait, sous ses humides pierres,
La terre promise à ses murs chancelants.
Mais grâce aux magistrats de l'opulente ville,
Qui sait mener de front et travail et progrès,
Grâce aux soins empressés de maint artiste habile,
Des œuvres de l'esprit s'ouvre enfin le palais.
Le voici radieux, plein de fleurs et de flammes,
Montrant à nos regards ces loges de bon goût,
Où viennent se presser les plus charmantes femmes
Qui, le sourire au front, seraient belles partout.
Je salue en passant ce bon public fidèle,
Qui vient, à chaque fête, apporter son concours,
Au directeur aimé dont l'entrain et le zèle
Ont su, depuis douze ans, le contenter toujours.

(On frappe trois coups)

Ah ! je vois qu'ici quelqu'un s'impatiente,
Et je tremble, ma foi, d'avoir trop bavardé ;
Je vais donc m'esquiver et rentrer sous ma tente,
Pour que votre plaisir ne soit pas retardé.
Pourtant, un dernier mot : je tiens à vous apprendre
Qu'en vos murs des acteurs du Théâtre-Français
Se sont avec bonheur empressés de se rendre,
Voulant d'un vieil ami seconder le succès.
Enfin, moi qui sais tout, je puis de plus vous dire
Qu'ils seraient enchantés de pouvoir, en passant,
Mériter les bravos d'un pays où respire
Du cœur et de l'esprit le souffle si puissant !

Ces vers furent accueillis par d'énergiques bravos
et de toutes les places on demanda le nom de l'au-

teur. Alors Mme Marie Brindeau déclara que la *Chronique Rémoise* était due à M. Coëtlagon, poète amateur, de passage en notre ville.

La représentation continua au milieu du plus grand enthousiasme causé par les merveilles qui défilaient sous les yeux et par la valeur des artistes chargés de l'interprétation.

Des places avaient été demandées par plusieurs représentants de la presse parisienne.

Quelques jours après, le journal l'*Evénement* consacra les lignes suivantes à cette inoubliable soirée :

« Sur soixante sous-préfectures de France que je connais, il n'en est pas deux, et je n'en excepte même pas certaines grandes villes, Marseille par exemple, qui possèdent une salle de spectacle digne d'être comparée, même de bien loin, au nouveau Théâtre de la sous-préfecture de Reims.

» Cela coûte, il est vrai, deux millions à la vieille cité rémoise, mais elle est si riche par ses vins, ses laines et ses diverses industries, que je me demande comment l'excellent maire de cette ville (je dis ville, car il n'y en a pas beaucoup en France aussi dignes que Reims de ce titre), M. Diancourt, a pu se contenter d'une aussi modeste dépense.

» Cependant rien n'a été épargné. Le Théâtre (le Nouvel-Opéra en raccourci), avec ses grands dégagements sur la rue de Vesle, sa façade monumentale, sa salle trop riche vraiment d'or et de velours, sa scène profonde et large, ses décors si frais et si grandioses, son lustre, une trouvaille, son foyer, où le peintre

E. Bin a peint en maître la tragédie et la comédie, ce Théâtre, machiné pour les plus grands opéras, et dont les couloirs, l'ameublement et les issues sont le dernier mot du progrès et du confort, est une merveille.

» Maintenant la soirée d'inauguration a-t-elle été digne du cadre où elle eut lieu ?

» Comme salle, oui. Tout ce que Reims renferme d'illustrations commerciales, de députés, de hauts fonctionnaires (sans compter le ministre Jules Simon et le préfet Jousserandot), de femmes charmantes… était là. »

DÉCORS

Quelques journaux ont critiqué la composition du programme d'inauguration, ignorant que l'idée dominante dans ce choix avait été de faire défiler sous les yeux du public le plus de décors possible, en même temps qu'il entendrait les principaux morceaux de nos meilleurs ouvrages.

L'ensemble des décors que nous possédons est certainement parfait, mais on remarque surtout le magnifique palais romain dont le fond offre le panorama d'une ville antique. Il y a aussi une vue de montagne d'une saisissante vérité; citons encore le décor du premier acte de la *Dame blanche*.

C'est le moment de faire l'énumération des décorations qui composent le répertoire du théâtre; à cette liste il faudrait joindre tous les fonds, coulisses et accessoires qui ont été créés par les directions qui se sont succédées depuis 1873; mais cela nous entraînerait trop loin. Citons seulement :

Horizons : Pleine mer, Vue de côtes, Entrée de port.

Rochers : Paysage alpestre, Gorge, Torrent.

Grottes : Percée sur mer, Fermée à perspective profonde, Souterrain.

Campagnes : Bords de lacs ou de fleuves, Paysages montueux.

Prisons : Grande salle, Cachots à deux changements, Galerie de cloître.

Mansardes : Simple à alcôve praticable, Double.

Hameaux : Ville champêtre, Village pauvre, Cour de ferme.

Places publiques modernes : Grande place, Angle de rue.

Forêts : Fourré, Clairière.

Forêts asiatiques : Forêt vierge, Bord de fleuve, Jardin.

Neiges : Village, Forêt, Campagne.

Ruines au clair de lune : Ruine à ciel ouvert, Intérieur.

Salons bourgeois : Petit et pauvre, Plus grand et confortable, Ouvert, formant vestibule, Boutique, Serre à treillage.

Salons modernes : A grandes baies, Intime, Boudoir.

Salons Louis XV : Petit salon, Grand salon, ouvert à grandes baies.

Boudoirs Pompadour : Bleu, Rose.

Molières : Petit salon, Grand salon, Ouvert avec appliques et fonds de café.

Palais Renaissance : Grand portique, Salle ouverte sur galerie, Grande salle fermée, Chambre.

Palais gothiques : Portique ouvert sur fond vénitien, Galerie fermée, Galerie ouverte sur chapelle, Chambre.

Palais mauresques : Grandes arcades ouvertes sur asiatique, Palais fermé, Grande salle à troies baies, Chambre.

Palais chinois : Intérieur, extérieure avec pagode.

Vaisseaux : Haydée, Bateau à vapeur.

Jardins : Grand parc, Jardin bourgeois, Réduit, Charmilles et treillages.

Pavillons bourgeois : Pavillon de château avec grands escaliers et balustrades.

Palais grec.

Palais romain.

Place grecque.

Place romaine.

L'Administration du Théâtre se trouve rue Chanzy, 3.

Bureau de Location, rue Tronsson-Ducoudray, 4, ouvert de 10 heures à 6 heures.

PRIX DES PLACES

	BUREAU	LOCATION
Loges de Balcon	4.	4.50
Fauteuils d'Orchestre	3.50	4
Fauteuils de Balcon	3.50	4
Baignoires	3	3.50
Loges de Galerie	2.50	2.75
Parquet	2.50	3
Stalles de Galerie	2	2.25
Parterre	1.50	1.75
Deuxième Galerie	1.25	1.35
Amphithéâtre	1	1.10

Les représentations ont lieu tous les jours de la semaine, excepté le mercredi et le vendredi.

NOMBRE DE PLACES

Avant-scènes, rez-de-chaussée,
    premières   24
Baignoires   48
Fauteuils d'orchestre   68
Fauteuil de balcon   66
Loges de balcon   108
Parquets   49
Parterre   220
Premières galeries   196
Deuxièmes galeries   158
Amphithéâtre   270
Strapontins   65

               1282

PIÈCES INÉDITES JOUÉES SUR LA SCÈNE DE REIMS

Reims fantaisie, revue locale en cinq actes, par M. X., jouée le 7 mars 1874.

Le Siége de Reims, drame en quatre actes, par M. X., joué le 15 mars 1875.

Revue au Champagne, pièce locale en cinq actes, de M. Le Pailleur, jouée le 28 mars 1875.

Le Voyage des Ombres, ou l'Immortalité de Molière, à-propos en un acte, de M. G. Dumoraize, joué le 15 janvier 1877.

Voyage dans le Soleil, en passant par Reims, revue locale en 4 actes, de MM. Henri Buguet et Gaston Marot, jouée le 26 février 1877.

Jeanne d'Arc, mélopée historique en deux tableaux, paroles de M. Besson, musique de M. de La Chaussée, joué le 5 mars 1877.

Liberté, pièce historique en cinq actes, par M. G. Champagne, jouée le 28 mai 1878.

Molière à Reims, à-propos en un acte, par M. Dumoraize, joué le 18 janvier 1879.

L'Homme du Peuple, pièce locale en cinq actes et un prologue, par M. Dumoraize, jouée le 17 février 1879.

Un sujet de Comédie, comédie en un acte, de G. Dumoraize, jouée le 5 mars 1879.

Reims en poche, guide de l'étranger à travers Reims, revue locale en cinq actes et quatorze tableaux, par M. Le Pailleur, jouée le 22 janvier 1881.

Le Prieur de Saint-Basle, symphonie de M. Ernest Lefèvre, jouée le 4 juin 1881.

Reims-Revue, pièce locale en cinq actes et sept tableaux, par un Rémois, jouée le 28 janvier 1884.

La Mie du Béarnais, opéra-comique en trois actes, par X..., joué le 1er mars 1884.

Royal Champagne, opéra-bouffe en un acte, par X..., joué le 6 novembre 1884

Les Deux Marottes, comédie-vaudeville en un acte, mêlée de chant, de M. X..., jouée le 6 novembre 1884.

Yvonne, opéra-comique en trois actes, paroles de Grandmougin, musique de E. Lefèvre, joué le 21 février 1885.

Le Mariage de Tabarin, opéra-comique en trois actes, musique de Mme Pauline Thys, joué le 5 décembre 1885.

Rioval, scène lyrique en un acte, musique de M. Wiensberger, paroles de M. Ducros, jouée le 23 mars 1886.

De Reims à Cormontreuil, grande revue locale en huit tableaux, par M. André Lenika, jouée le 31 janvier 1889.

Princesse Nangara, opérette en trois actes, musique de M. E. Missa, jouée le 12 mars 1892.

PIÈCES
JOUÉES SUR LE THÉATRE DE REIMS
DEPUIS SON OUVERTURE

GRANDS-OPÉRAS

Traviata
Le Trouvère
Lucie de L'ammermoor
Faust
Favorite
Robin des Bois
Roméo et Juliette
Mignon
Perles du Brésil
Ernani
Guillaume Tell
Les Huguenots
Robert le Diable
La Muette de Portici
Rigoletto

Martha
Paul et Virginie
Don Pasquale
Le Bal Masqué
Le Comte Ory
La Juive
Le Prophète
Charles VI
L'Africaine
Aïda
Hamlet
Jérusalem
Roi d'Ys
Jolie Fille de Perthe
Pêcheurs de perles

OPÉRAS-COMIQUES

Philémon et Baucis
Songe d'une Nuit d'Eté
Voyage en Chine
Crispino et la Comare
Carmen
Le Moulin Joli
La Dame Blanche
La fille du Régiment
Le Maître de Chapelle

Le Barbier de Séville
Le Chalet
Si j'étais Roi !
Haydée
Le Petit Duc
Les Dragons de Villars
La Princesse Trébizonde
Galathée
Les Noces de Jeannette

Mignon

L'Étoile du Nord

Le Pré-aux-Clercs

Postillon de Longjum.

Le Domino Noir

Héloïse et Abélard

Les Mousquetaires de la Reine

L'Eclair

Les Diamants de la couronne

L'Ombre

Don Pasquale

Madame Favart

Maître Pathelin

Lara

Zampa

Le Caïd

Songe d'une nuit d'été

Fanchonnette

Lalla-Roukh

Reine Topaze

Giralda

Jaguarita l'Indienne

La Promise

Petit Chaperon rouge

Bijou perdu

Le nouveau Seigneur du village

Chanson de Fortunio

Mireille

La surprise de l'amour

Le sourd ou l'auberge pleine

Piccolino

Les Rendez-vous bourgeois

Manon

Perle du Brésil

François les bas bleus

Déesse et berger

Contes d'Hoffmann

Richard cœur de lion

La Basoche

Rip-Rip

Fatinitza

Fra Diavolo

Cheval de bronze

Les Amours du diable

Toreador

La chatte merveilleuse

Le chien du jardinier

Bonsoir, voisin

Part du diable

Pardon de Ploërmel

Fée aux roses

Lakmé

OPÉRETTES

Timballe d'argent

Péricholle

Cadet Roussel, Dumollet Gribouille et compag.

Grande duchesse de Gérolstein

Cloches de Corneville

Mariage aux lanternes

Pantins de violette

Pomme d'api

Mariée depuis midi

Avant la noce

Fille de Mme Angot.

Petite Mariée

Belle Hélène
Madame l'archiduc
Giroflée-Girofla
Violonneux
Brigands
Jolie parfumeuse
Cent vierges
Petit Faust
Petite Fadette
Toto chez Tata
Barbe Bleue
Mademoiselle Nitouche
La Femme à papa
Lili
Roussotte
Petit Chaperon rouge
Grand Casimir
La Mascotte

La Cigale et la Fourmi
La Branche cassée
Les Charbonniers
Les Boussigneul
Lycée de jeunes filles
La Vie parisienne
Mousquetaires au- couvent
Fille du tambour major
Petit Duc
Le Cœur et la main
Boccace
Princesse des Canaries
Grand Mogol
Joséphine vendue par ses Sœurs
Le Jour et la Nuit
Gilette de Narbonne

TRAGÉDIES, COMÉDIES, VAUDEVILLES DRAMES

Passé Minuit
Jobin et Nanette
Phèdre
Les Femmes savantes
Les Demoiselles de Montfermeil
Les femmes qui pleurent
Dora
Petites Marmites
Massacre d'un innocent
Les trois chapeaux
Sous un bec de gaz
Une séparation
La Cagnotte
L'Invité

Tigre du Bengale
Canotiers de la Seine
Kean ou désordre et génie
Ma femme et mon parapluie
Dame aux camélias
Edgard et sa bonne
Fils de Giboyer
Il est de la police
Bourreau des crânes.
Dernière idole
Droits de l'homme
Les Ouvriers
L'Etrangère

Un Troupier qui suit les bonnes
Froufrou
Age ingrat
Deux Merles blancs
Livre III, chapitre Ier
Les Avocats
Coco
Fils naturel
L'Avare
Don Juan
Médecin malgré lui
André Chénier
Monsieur Chéribois
Précieuses ridicules
Une Fille terrible
Le Passant
Amours de Cléopatre
Camp des Bourgeoises
Batailles de Dames
La joie de la maison
Nos intimes
Dominos roses
La consigne est de ronfler
La Grammaire
Ami Fritz
Corde sensible
Trois épiciers
Une femme qui se jette par la fenêtre
La chambre à deux lits
Chanoinesse
Deux Sourds
Deux timides
Les Domestiques
Crochets du père Martin
Hôtel Godelot

Jonathan
Serment d'Horace
Date fatale
Croque Poule
Cabinet Piperlin
Gendre de M. Poirrier
Forfaits de Pipermans
On demande des domestiques
Fils de Coralie
Une cause célèbre
Citerne d'Albi
Réveillon
Nabab
Renard bleu
Robert Macaire
Siége de Grenade
Docteur Morobolan
Francillon
Abbé Constantin
L'Idole
Hernani
Sergent Bellerose
Les pauvres de Paris
Voleuse d'enfants
L'aveugle
La poissarde
Fils du diable
L'Assommoir
Marie-Jeanne
Le Prêtre
Les pavillons noirs
Le Juif errant
Monté Christo
Fualdès
Casque de fer
Les Trois Mousquetaires

Patrie	Grâce de Dieu
Mystères de Paris	Batard
Donjon de Vincennes	Gaspardo le pêcheur
Le Bossu	Les Danicheff
Dame de Monsoreau	Richard III
L'Ange de minuit	Servante du Val Suzon
Lazare le pâtre	Juif polonais
Nonne sanglante	Cartouche
Tour de Nesle	Les Exilés
Les filles de marbre	Lucrèce Borgia
Les quatre sergents de La Rochelle	Marie Tudor
	Hoche
Aventures de Mandrin	Le Roi s'amuse
La case de l'oncle Tom	Reine Margot
Sonneur de Saint-Paul	Jean le cocher
Mirabeau	Il y a seize ans
Le courrier de Lyon	Régiment de Champag.
Les pirates de la Savane	Deux Orphelines
Tour de Londres	Maison du baigneur
Don César de Bazan	Les Misérables
Notre Dame de Paris	Fils de Porthos
Paillasse	Naufrage de la Méduse
Les Abandonnées	Policière
Belle Gabrielle	Drapeau
La Fille de Roland	L'Ogre
Dame de Saint-Tropez	Devant l'ennemi
Bohémiens de Paris	Roger la honte
Prussiens en Lorraine	Carnot
Tireuse de cartes	Grande Marnière
Ruy Blas	Mères ennemies
Naufrage de la Méduse	Supplice d'une femme
Vieux caporal	Voyage de M. Périchon
Vie de Bohême	Un mari dans du coton
Jeanne d'Arc	Faux Bonshommes
Prière des naufragés	Par droit de conquête
Fille des chiffonniers	Demi-Monde
Les étrangleurs de Paris	Eté de la saint-Martin

La bonne au camélia
Un Mari à la campagne
Fromont jeune et Risler aîné
Si jamais je te pince
Surprises du divorce
Garçonnière
Jeunesse de Louis XIV
Bonhomme jadis
Ménage en ville
Ferréol
La Bergère de la rue Monthabor
Coucher d'une étoile
Jeunesse de Mirabeau
Ma nièce et mon ours
La Boule
Monsieur Alphonse
Il ne faut jurer de rien
Droits de l'homme
Tartufe ou l'imposteur
Boîte à Bibi
Gendre aux médaillés
Mariage de Figaro
Marquis de Villemer
Légataire universel
Un Monsieur qui prend la mouche
Roman d'un jeune homme pauvre
Bocquet père et fils
Méli mélo de la rue Meslay
Miss Multon
L'Honneur et l'argent
Dernières armes de Richelieu

Demi-Monde
Le feu au couvent
Maîtresse légitime
Fernande
Risette ou les millions de la mansarde
Trois amours de pompiers
Le carnaval d'un merle blanc
L'Aventurière
Dernier quartier
Histoire ancienne
Britannicus
Songe d'Athalie
Dépit amoureux
Paul Forestier
Panache
Recettes contre les belles-mères
Tambour battant
Femme juge et partie
Muscadins
Gavaud, Minard et Cie
Royaume des femmes, ou le monde à l'envers
Supplice de Tantale
Histoire d'un sou
Princesse Georges
Madame Caverlet
Grandeur et Décadence
L'Autographe
Deux comtesses
Danses nationales de la France
Ecole des femmes
Dépit amoureux

Le Verre d'Eau
La pluie et le beau temps
Dalila
Sphinx
Trioulet ou l'enfant de tout le monde
Gringoire
Enfants d'Edouard
Pont cassé
Homard
Séraphine
Fanfan Latulipe
Gentil-Bernard
Dame de Monsoreau
Pommes du voisin
L'Ami des Femmes
Révoltées
Princesses de la Rampe
Rose Michel
Louis XI
Trembleurs
Louis XIV
Péril en la demeure
Baron de Fourchevif
Paris ventre à terre
Malade imaginaire
Sapho
Flamboyante
Maître de Forges
Martyre
Fiacre 117
Mes beaux-pères
Cromwell
Le train de plaisir
La papillonne
Dame aux Camélias
Mademoiselle Pioupiou

Docteur Jojo
La tartine
Numa Roumestan
Les Fourchambault
Bonheur conjugal
Député de Bombignac
Chapeau d'un horloger
Lion amoureux
Niaise de Saint-Flour
Faux Bonshommes
Veuve aux Camélias
Niniche
Une femme qui se grise
Cinq francs d'un bourgeois
Charlotte Corday
Fiamina
La cigale chez les fourmies
Testament de César Girodot
Caprice
Chevaliers du pince-nez
Un bal du grand monde
Les deux veuves
Bruno le fileur
Gentilhomme pauvre
Une tasse de thé
Projets de ma tante
Les idées de Mme Daubray
Bébé
Les bourgeois de Pont-Arcis
L'Omelette fantastique
Passé Minuit
Poudre aux yeux

Femmes terribles
Meurtrier de Théodore
L'amour, qué qu'c'est qu'ça ?
On demande un gouverneur
Nos bons villageois
Le locataire de M. Blondeau
Indiana et Charlemagne
Procès Vauradieux
Jurons de Cadillac
Mari d'Iola
Chapeau paille d'Italie
Gamin de Paris
Trois Epiciers
Jocrisses de l'amour
Laurianne
Deux divorces
Une fille terrible
Tête de Linotte
Ma Camarade
Severo Torelli
Divorçons
Les Folies dramatiques
Part à Deux
Mlle de la Seiglière
Monde où l'on s'ennuie
Trois femmes pour un mari
Le Mari
Noces de Mlle Loriquet
La Cagnotte
Clara Soleil
Denise
Les Fourchambault
Fils de Giboyer

Noces d'Atila
Closerie des Genets
Les petites Godin
Prince Zilah
Le Gendarme
Tailleur pour Dames
Mariée récalcitrante
Le Chevalier de Maison Rouge
Jane
Mlle de La Faille

FÉERIES

Cendrillon
Peau d'Ane
Les Bibelots du diable
Sept Châteaux du diable
Poudre de Perlinpinpin
Le Tour du Monde en 80 jours
Rothomago
Les Pommes d'Or
L'Arbre de Noël
Pilules du Diable
Le Pied de Mouton
Le Petit Poucet
Voyage de Suzette
Michel Strogoff
Ali-Baba
Voyage dans la Lune

ÉTAT SYNOPTIQUE

Indiquant, de l'année 1873 à l'année 1893, les noms des directeurs de la troupe et la durée de leur exploitation.

1873 à 1879. — M. BLANDIN, directeur habile et très capable. Était déjà dans ses fonctions depuis 1862, à l'ancienne salle de la rue de Talleyrand ; a toujours formé une bonne troupe, parfaitement soigné la mise en scène et très bien organisé le service. Ce fut sous son administration, pendant la saison théâtrale de 1862-63, qu'il organisa une série de six concerts au Cirque, qui obtinrent un succès sans précédent avec MM. Taffanel, fort ténor, Flachat, baryton, Mme Mariani, forte chanteuse, et la société des Enfants de Saint-Remi.

1879 à 1881. — M. DOMERGUE DE LA CHAUSSÉE, ex-chef d'orchestre sous la direction Blandin, homme actif qui apporta un soin minutieux pour la mise en scène de l'opéra, les chœurs surtout furent très soignés. Il nous donna les brillantes représentations de *Charles VI* et *Hamlet*, avec Madame Reggiani et M. Rouget.

1881-1882. — M. GAUTHIER était assez habile, mais n'avait que peu d'autorité sur ses pensionnaires.

1882-1883. — M. DURIEZ, ex-artiste de notre théâtre, directeur très capable.

1883 à 1887. — M. Justin Née, directeur actif, dont la gestion a bien marché. Ce fut sous son administration que nous entendîmes plusieurs grands ouvrages des compositeurs Massenet et Léo Delibes, qui vinrent eux-mêmes en surveiller l'exécution, et aussi un opéra-comique inédit, *Mariage de Tabarin*, par Mme Tiste.

1887 à 1889. — M. Ponté, directeur assez habile, soignant bien la mise en scène.

1889 à 1891. — M. Vilanou, était un homme désireux de bien faire, mais manquant des aptitudes nécessaires. En janvier 1891 il était tombé en détresse et quelques semaines après sa faillite était prononcée. Les artistes se constituèrent en société et finirent pour leur compte la saison théâtrale, sous la présidence de M. Nersant, premier rôle de drame et de comédie.

1891-1893. — M. Villefranck, le directeur actuel, a déjà fait ses preuves de capacité et a su satisfaire le public en donnant des soirées attrayantes et en organisant les matinées si fréquentées du dimanche. Comme nous le disions plus haut, M. Villefranck aura la direction de notre théâtre l'année prochaine. Espérons qu'il nous présentera une troupe digne de notre scène.

✜ ✜

TARIF

des Rémunérations allouées aux Agents chargés de la police et aux Sapeurs-Pompiers

—

ARRÊTÉ DU **25** FÉVRIER 1882

—

Vu le paragraphe de l'article 28 du cahier des charges de l'exploitation du Théâtre, ainsi conçu :
« Les représentations devront être terminées au plus tard à minuit ; »

Considérant qu'à plusieurs reprises le Directeur du Théâtre ne s'est pas conformé aux prescriptions dudit article ; que la rémunération actuellement payée par lui, tant aux sapeurs-pompiers qu'aux agents de police, est toujours la même, aussi bien pour les représentations dépassant minuit que pour celles terminées à cette heure ; que cette rémunération n'est en rapport ni avec les services rendus, ni avec le préjudice que leur cause le retard apporté à la fermeture du Théâtre,

Arrêtons ce qui suit :

Art. 1er. — Pour chaque représentation terminée après minuit, le Directeur du Théâtre paiera, à partir de ce jour, aux sapeurs-pompiers et aux agents de police chargés du service de la surveillance du Théâtre, une rémunération double de celle qu'il a payée jusqu'à présent pour toutes les représentations indistinctement.

Art. 2. — Aucune dérogation n'est apportée par le présent arrêté, ni au réglement fixant l'heure à laquelle doivent être terminées les représentations, ni aux dispositions du cahier des charges relatives au même objet; le Directeur du Théâtre continuera à demeurer responsable des contraventions ou actions judiciaires auxquelles pourrait donner lieu contre lui toute violation desdits réglements et cahier des charges.

Le Maire,

Dʳ O. DOYEN

ÉCLAIRAGE ÉLECTRIQUE

Entre M. Henrot, maire de la ville de Reims, et M. André Coze, directeur de la Compagnie du Gaz de Reims,

Il a été convenu ce qui suit :

Art. 1er. — Afin d'augmenter la sécurité dans le Théâtre contre les chances d'incendie, la Compagnie du gaz s'engage à substituer la lumière électrique au gaz pour l'éclairage de la scène du théâtre, des dépendances de la scène, ainsi que de la façade extérieure, non seulement pendant la saison théâtrale, mais aussi pour toutes les représentations extraordinaires où le public est admis, pour les répétitions qui auront lieu le soir, etc. ; elle s'engage en un mot à assurer ce service à toute époque de l'année lorsqu'elle en sera requise.

La scène et ses dépendances comprennent tous les locaux servant à l'exploitation du théâtre situés à partir du mur de séparation, entre la scène et la salle, et en outre le magasin à décors.

Les calorifères situés sous la salle, les balcons de sauvetage des loges d'artistes, seront également éclairés à la lumière électrique.

Art. 2. — La Compagnie devra fournir l'éclairage

électrique au moyen de 183 lampes à 16 bougies et de 36 lampes à 10 bougies, soit au total 219 lampes, plus 3 lampes à arc pour la façade.

Pour les loges d'artistes, elles seront éclairées par 75 lampes électriques.

Art. 3. — Le directeur devra payer 24 fr. 30 cent. par soirée.

La somme annuelle de 2,456 francs sera à la charge de la Ville.

Reims, le 22 mai 1888.

Le Maire,

Dr H. HENROT

PERSONNEL MUNICIPAL AU THÉATRE

Nous, Maire de la ville de Reims,

Arrêtons ce qui suit :

Article 1er — Il est créé un emploi de chef du personnel attaché au théâtre.

Art. 2. — Le chef du personnel aura sous sa direction tous les employés rétribués par la Ville. Il tiendra le registre d'inventaire spécial du théâtre et le compte des dépenses de cet établissement.

Il veillera au bon entretien de la décoration scénique, du mobilier de la salle et accessoires et fera exécuter, sous la direction de M. l'architecte, toutes les réparations du mobilier et de l'immeuble

Il se tiendra au théâtre les jours de représentation et surveillera l'exécution du cahier des charges imposé au directeur, en ce qui concerne le service intérieur.

Il adressera un rapport hebdomadaire signalant sommairement les principaux faits relatifs à son service.

Art. 3. — Le concierge du théâtre exerce une surveillance constante sur les bâtiments et est tenu d'en interdire l'entrée à toutes les personnes étrangères au service du théâre.

Il doit toujours être présent ou représenté dans sa loge ; il accompagne les personnes étrangères au service qui auraient obtenu l'autorisation de pénétrer dans le théâtre.

Toutes les clefs de l'établissement doivent lui être remises.

Tous les matins il lavera les escaliers, etc, et cirera le foyer du public ; il devra également faire connaître chaque jour au chef du personnel les objets trouvés dans la salle.

Art. 4. — Le tapissier est spécialement chargé de l'entretien du mobilier de la salle, ainsi que celui de la mise en scène.

Après la féerie, il fera toutes les grosses réparations.

Art. 5. — Aussitôt le service d'allumage terminé, le gazier fermera toutes les portes de fer séparant la scène de la figuration.

Art. 6. — Les brigadiers machinistes devront pour toute absence obtenir l'autorisation du chef du personnel, et les jours de représentation ils devront être à leur poste vingt minutes avant le lever du rideau, sous peine d'une amende d'un franc.

Toute absence non autorisée donnera lieu à l'application des amendes ci-après :

Pour une journée	6 fr.
Pour une soirée (jeu ou répétition)	4
Pour chaque acte dans le cours d'une représentation ou répétition avec décors	1

En cas de maladie ils devront fournir un billet du médecin.

Les machinistes devront tous les matins être rendus à huit heures précises à leur poste ; lorsque les besoins de la scène exigeront un travail exceptionnel, l'heure de l'arrivée sera notifiée au billet de service de la machinerie. Ils doivent tout leur temps au service théâtral jusqu'à quatre heures du soir, sauf une heure et demié de relevé; ils reviennent ensuite pour les représentations ou répétitions générales à l'heure qui sera fixée suivant les besoins du service.

Le chef machiniste devra veiller à ce que tous les cordages de la machinerie soient constamment en bon état et à ce qu'aucune personne étrangère au service ne s'introduise pendant la représentation dans la machinerie (ponts, cintres, etc.)

Art. 7. — Le veilleur de nuit fera les rondes ci-après : 1º les jours de représentation, trois rondes : à la fin du spectacle, à deux heures du matin et à quatre heures; les jours de relâche, quatre rondes : à dix heures, à minuit, à deux heures et à quatre.

Dans le cas où il aurait besoin de s'absenter, il devra en demander la permission au chef du personnel douze heures à l'avance.

Toute absence non autorisée entraînera les amendes suivantes :

Pour une ronde,		5 fr.
» deux »		10
» trois »		20

Art. 8. — Les dispositions des règlements antérieurs sont abrogées.

Art. 9. — Le présent arrêté sera affiché dans l'intérieur du théâtre.

Reims, le 12 septembre 1883.

Le Maire,
Dr O. DOYEN

RÈGLEMENT
DE POLICE DU THÉÂTRE

Nous, Maire de la ville de Reims,

Vu la loi des 16-24 août 1790 ;

Vu la loi du 18 juillet 1837 ;

Arrêtons :

Art. 1er. — Le public n'aura accès dans le Théâtre que par la porte d'entrée située sur la rue de Vesle.

Il est interdit à aucun spectateur de s'introduire dans la salle par les entrées de service situées sur les rues du Bourg-Saint-Denis et Tronsson-Ducoudray.

Art. 2. — Chaque spectateur se placera à son rang d'arrivée, dans les barrières établies sous le péristyle et donnant accès au guichet où se distribuent les billets de places.

Deux guichets seront établis et porteront l'indication du prix des places qui y seront délivrées.

Art. 3. — L'entrée du milieu sera réservée aux personnes munies de billets pris à l'avance au bureau de location, ou propriétaires de places louées à l'année.

Art. 4. — Il est interdit de faire du tumulte, de pousser des cris ou de chanter sous le péristyle en attendant l'ouverture des bureaux.

Il est également interdit de chercher à prendre des billets de place en dehors des barrières et d'usurper le rang des premiers arrivés.

Toute personne troublant la tranquillité, exerçant des poussées dans la foule, ou occasionnant du désordre de quelque façon que ce soit, sera immédiatement expulsée par les soins de l'autorité.

Art. 5. — Les spectateurs munis de leurs billets devront les présenter au contrôle, et se rendront à leurs places dans les directions qui leur seront indiquées.

Ils devront présenter aux ouvreuses les contremarques qui leur auront été délivrées, et occuper les places qu'elles leur désigneront.

Art. 6. — Il est interdit, sous les peines de police, d'occuper, soit dès le début, soit pendant le cours de la représentation, des places supérieures à celles auxquelles donnait droit le billet pris au bureau ou en location.

Art. 7. — Il ne sera délivré qu'un nombre de places égal à celui que la salle peut contenir, suivant l'état qui en sera dressé par l'architecte du théâtre.

Le prix d'entrée devra être immédiatement remboursé aux personnes qui ne trouveraient pas à se placer.

Art. 8. — Les places retenues à l'avance seront indiquées par un écriteau portant à côté de leur numéro le mot *loué*, écrit très lisiblement.

Tout locataire devra être porteur d'un coupon mentionnant le numéro de la loge ou de la place louée.

Art. 9. — Le spectateur qui, sciemment ou par mégarde, occuperait une place retenue à l'avance, devra la céder au propriétaire sur la production du coupon.

Art. 10. — On peut garder des places dans toutes les parties de la salle, à la condition que les places gardées seront occupées avant le lever du rideau.

Celles qui resteraient vides à ce moment pourront, si elles n'ont pas été louées à l'avance, être occupées alors même qu'elles seraient indiquées par un signe quelconque.

Art. 11. — L'entrée des coulisses et du foyer des artistes est interdite d'une façon absolue.

Aucune communication ne sera ouverte au public entre la salle et la scène.

Art. 12. — Il est défendu à quelque personne que ce soit, de fumer dans la salle, dans les corridors, coulisses, vestibule péristyle, ainsi qu'au foyer, et généralement dans aucune partie de l'enceinte du théâtre.

Il est également interdit de vendre ou d'apporter des liquides dans l'intérieur de la salle.

Art. 13. — Nul ne devra se promener dans les couloirs, paliers et antichambres pendant la représentation, de manière à troubler l'ordre, et y stationner pendant les entr'actes de façon à gêner la circulation.

Art. 14. — Tous les spectateurs doivent être assis et en silence lorsque le rideau est levé.

Nul ne doit conserver sur sa tête, pendant la représentation, des chapeaux, casquettes ou autres coiffures de nature à gêner les spectateurs.

Il est défendu de pénétrer dans la salle en état d'ivresse ou de malpropreté pouvant incommoder le public.

Art. 15. — Défense est faite de poser aucun vêtement sur l'appui des loges ou galeries.

Art. 16. — Il est expressément interdit de troubler l'ordre et la tranquillité du spectacle avant ou pendant la représentation et durant les entr'actes, soit par des chants, cris ou interpellations adressées aux spectateurs ou aux acteurs, de rien jeter dans la salle ou sur la scène, de faire en un mot rien qui soit contraire au bon ordre.

Art. 17. — Dans le cas où le spectacle serait troublé ou interrompu par des sifflets trop longtemps prolongés, des cris, tapages ou tumulte quelconques, sommation sera faite aux spectateurs de laisser continuer la représentation; après deux sommations restées sans effet, le rideau sera baissé et la salle évacuée.

MM. les commissaires de police et leurs agents sont chargés de l'exécution du présent arrêté.

Fait à Reims, en l'Hôtel-de-Ville, le 30 avril 1873.

Le Maire,
V. DIANCOURT

CAHIER DES CHARGES

Pour l'exploitation du Théâtre de Reims
pendant les années 1892-1893

L'entreprise de l'exploitation du Théâtre de Reims est soumise, pour la saison 1892-1893, aux clauses et conditions contenues dans le cahier des charges dont la teneur suit :

Art. 1er. — Le Directeur aura la disposition du Théâtre du 1er juin 1892 au 31 mai 1893.

La saison théâtrale sera ouverte le 15 octobre 1892 et se prolongera jusqu'au 31 mai 1893.

Art. 2. — Le nombre des représentations est fixé au minimum à quatre par semaine, les mardi, jeudi, samedi et dimanche.

Il doit être donné chaque mois au moins dix représentations d'opéra, dont deux le dimanche.

Ne sont considérés comme opéras que les œuvres du répertoire de l'Académie nationale de musique, de l'ancien Théâtre Lyrique, de l'Opéra-Comique, les traductions et les opéras représentés pour la première fois sur des scènes lyriques de premier ordre.

Art. 3. — Au cours de la saison théâtrale le Directeur fera représenter quatre opéras nouveaux ou n'ayant pas été donnés depuis dix ans.

Ces opéras devront constituer un ensemble d'au moins huit actes.

Faute par le Directeur de remplir cette obligation, il subira sur la subvention extraordinaire une retenue de mille francs par acte non joué.

Art. 4. — La salle de spectacle étant spécialement destinée aux représentations lyriques et dramatiques, le Directeur ne pourra en disposer autrement, par exemple pour y admettre des physiciens, acrobates ou autres, qu'avec l'autorisation du Maire.

Dans le cas d'une pièce à succès, l'Administration se réserve le droit d'obliger le Directeur à modifier le spectacle au moins une fois par semaine.

Art. 5. — Pendant la clôture de la saison théâtrale, le Directeur devra traiter avec les troupes de passage qui se présenteront.

Si par suite d'un refus de sa part non approuvé par l'Administration, cette troupe ne peut jouer sur le Théâtre de Reims, le Directeur devra, si l'Administration municipale le demande, monter, pendant la saison suivante, la pièce qui aurait été représentée.

Art. 6. — L'Administration municipale se réserve le droit de disposer de la salle, sans indemnité pour le Directeur : 1º une fois par mois, un des deux jours où il n'y a pas de représentation, soit le mercredi, soit le vendredi, pendant toute la journée et la soirée ; 2º deux fois par an, pour deux bals qui devront avoir lieu le samedi, étant convenu que pour les préparatifs à faire, la salle sera abandonnée par le Directeur après la répétition du vendredi (soit le vendredi à dix heures du soir), jusqu'au dimanche à quatre heures après midi. La Société Philharmonique aura le droit de donner dans la salle du Théâtre trois concerts ; elle aura à payer au directeur une indemnité de 150 francs pour chacun de ces concerts.

Si l'Administration, en dehors des cas qui viennent d'être prévus, venait à disposer de la salle un jour de représentation, le Directeur recevrait une indemnité de 600 francs en semaine et de 1,200 francs le dimanche.

Au cas où un sinistre viendrait à éclater pendant que la salle du Théâtre et ses dépendances sont mises à la disposition de l'Administration municipale, le Directeur ne pourrait de ce chef, pour cause de chômage de son industrie ou autrement, réclamer aucune indemnité.

Art. 7. — Le Directeur composera son personnel de deux troupes d'artistes de mérite et dignes de la scène de Reims, l'une de chant pouvant représenter d'une façon satisfaisante les traductions, l'opéra-comique et l'opérette ; l'autre de comédie, drame et vaudeville, pouvant jouer les œuvres du répertoire de la Comédie Française, de l'Odéon, du Gymnase, du Vaudeville, ou de tout autre théâtre avec l'autorisation du Maire.

Art. 8. — La troupe d'opéra sera composée comme suit :

Hommes. Premier ténor léger et traductions, deuxième ténor des premiers, baryton, première basse chantante, seconde basse, trial, taille comique (laruette).

Femmes. Première chanteuse, première dugazon (des deuxièmes chanteuses), deuxième dugazon, mère dugazon.

Chœurs. 3 ténors, 3 tailles, trois premières basses, trois deuxièmes basses ; du côté des femmes, 6 premiers dessus, 6 deuxièmes dessus.

La troupe de comédie comprendra :

Hommes. Premier rôle en tous genres, jeune premier rôle, premier rôle marqué, père noble, jeune premier, amoureux, deuxième amoureux, premier comique, jeune comique, deuxième comique, comique marqué, troisième rôle, deuxième utilité.

Femmes. Premier rôle en tous genres, jeune premier rôle, jeune première, ingénue, amoureuse, coquette, première soubrette, deuxième soubrette (deuxième dugazon), première duègne des mères nobles.

En dehors des choristes, le Directeur devra, dans

les pièces à spectacle, garnir la scène d'un nombre suffisant de figurants. Les costumes et accessoires devront être de style, propres et frais.

Art. 9. — Le Directeur déposera à la Mairie, quinze jours avant l'ouverture de la saison théâtrale, la liste complète de son personnel lyrique et dramatique. Ce tableau fera connaître le traitement réel de chaque artiste et les scènes sur lesquelles il a tenu son emploi.

Il présentera, s'il en est requis, les engagements de tous ses artistes.

Art. 10. — Le Directeur ne peut faire partie de la troupe.

Art. 11. — L'Administration municipale jugera si des débuts sont nécessaires.

Art. 12. — Pour chaque représentation d'opéra-comique, opéra, traduction, opérette, l'orchestre devra toujours être au complet et composé conformément aux prévisions du budget de la Ville.

Pour les autres représentations, l'orchestre sera composé d'au moins un quatuor.

Art. 13. — La ville se réserve la disposition de l'orchestre une fois par mois, en dehors des jours de représentation; éventuellement, l'après-midi du dimanche pour des concerts organisés sous le patronage de l'Administration municipale.

Les artistes appartenant à la musique municipale seront libres le mercredi de chaque semaine, à partir de neuf heures précises du soir.

Art. 14. — Le prix des places est ainsi fixé :

	Bureau	Location
Loges de balcon,	4	4.50
» 4 places,	16	18
» 5 places,	20	22.50
» 7 places,	28	31.50
Fauteuils d'orchestre,	3.50	4
» de balcon,	3.50	4

	Bureau	Location
Baignoires et avant-scènes du deuxième étage	3	3.50
Parquets,	2.50	3
Premières de face,	3.50	4
Loges de galerie (deuxième étage),	2.50	2.75
Stalles de galerie,	2	2.25
Parterre,	1.50	1.75
Deuxième galerie (troisième étage),	1.25	1.35
Amphithéâtre,	1	1.10

Lors des représentations d'acteurs en passage, ou en cas de spectacles extraordinaires, le prix des places pourra être augmenté, mais seulement sur l'autorisation du Maire.

Le Directeur pourra traiter à des prix réduits de location au mois ou à l'année pour un certain nombre de places qui ne devra pas dépasser la moitié de celles disponibles dans chaque soirée.

Art. 15. — Aucune autre personne que les musiciens ne pourra sans l'autorisation du Maire se mettre dans l'orchestre, sous quelque prétexte que ce soit, même pendant les représentations des acteurs étrangers.

Les dames ne sont pas admises au parterre sans l'autorisation du Maire, sauf pour la féerie et les représentations données en matinée le dimanche. Les femmes inscrites au bureau des mœurs ne peuvent occuper que les avant-scènes des troisièmes.

Art. 16. — Sont réservés : 1° pour l'Administration municipale, l'avant-scène à droite de l'acteur ; 2° pour le commissaire de police de service, les deux premiers fauteuils de balcon à gauche de l'acteur ; 3° pour les officiers de service des pompiers et des sauveteurs, deux fauteuils d'orchestre ; 4° pour les pompiers, la loge située au rez-de-chaussée, côté cour ; 5° pour le gazier, la loge située au rez-de-chaussée de la scène, côté jardin (jeu d'orgue) ; 6° pour le chef du personnel, celle située immédiatement au-dessus de celle des pompiers.

Il ne sera rien dû pour l'occupation de ces places.

En raison de l'exiguïté de la loge municipale, le Directeur s'engage pendant la saison théâtrale, les dimanches et mois de féerie exceptés, à tenir à la disposition de l'Administration une loge de quatre places, la première à droite de l'acteur ; il lui sera alloué par an, de ce chef, une somme de mille francs, payée personnellement par les membres de l'Administration municipale.

Les membres de la commission théâtrale, qui peut être composée de trois personnes, ont droit collectivement à une loge ; le secrétaire en chef de la Mairie, l'architecte de la Ville, le commissaire central et un des deux médecins attachés au théâtre, ont également leur entrée au théâtre et ont chacun droit à un fauteuil d'orchestre ou de balcon, sans rétribution.

Lesdites loges et places resteront toujours à la disposition de l'Administration municipale et des autorités dénommées plus haut, alors même que le Directeur aurait loué ou prêté la salle.

Art. 17. — M. le Directeur devra s'entendre avec M. le Général de division et M. le Sous-Préfet pour le choix des loges ou des places que ces hauts fonctionnaires désireraient obtenir pour les diverses représentations.

Ces places devront être libres jusqu'à midi du jour de la représentation.

Art. 18. — Le Directeur a la jouissance gratuite pendant la durée de son privilége :

1° De la salle du Théâtre et de ses dépendances, ainsi que l'appartement à usage d'habitation y attenant, sur la rue Chanzy ;

2° Du magasin à décors extérieur ;

3º De tout le mobilier et le matériel à l'usage du Théâtre.

Art. 19. — Au moment de l'entrée en jouissance, il sera dressé, en double exemplaire, par l'architecte de la Ville et par le chef du personnel, en présence d'un membre de la commission théâtrale et du Directeur, un inventaire des locaux concédés et de tous les objets mobiliers, décors, accessoires, etc., dépendant du service du Théâtre.

Un récolement de l'inventaire sera fait lors de l'expiration de là concession.

Art. 20. — La Ville prend à sa charge les traitements du personnel dont suit la nomenclature et qui est nommé par le Maire :

1º Les musiciens de l'orchestre (à l'exception du chef et du sous-chef) pendant les six mois d'opéra ;

2º Le chef machiniste et ses quatre brigadiers ;

3º Le gazier et l'électricien, s'il y a lieu.

4º Le concierge veilleur de nuit;

5º Le tapissier, qui recevra en outre du Directeur une indemnité mensuelle de quatre-vingts francs.

Le Directeur devra fournir pour le service de la machinerie et de tous les soirs de représentation :

Côté cour, trois hommes à 1,50 par soirée	4.50
Côté jardin, — —	4.50
Cintre, un homme à 1.50	1.50
— quatre hommes à 1 fr.	4
Herses, un homme à 1 fr.	1
Soit	15.50

Si ce nombre était insuffisant pour les féeries ou les pièces à grand spectacle, le supplément de dépense serait à la charge du Directeur.

En raison de la surveillance complète et utile que le Directeur peut et doit exercer par lui-même et ses régisseurs, et nonobstant les attributions du chef du personnel, il accepte vis à vis de la ville la responsa-

bilité pleine et entière de tous les accidents qui pourraient survenir du fait de l'imprudence, négligence,
maladresse, etc. soit du personnel (acteurs ou agents
quelconques) payé par lui, soit de celui rétribué par
la Ville, et quelle que soit d'ailleurs la personne,
étrangère au Théâtre ou non, victime de l'accident.

Il accepte la même responsabilité quant à tout ce
qui touche à la machinerie (trapes, trucs, portants,
ponts, cordages, etc.), l'état défectueux de tout appa-
reil devant être immédiatement signalé par lui à
l'Administration municipale.

Le Maire se réserve le droit de renvoyer tous les
employés nommés par le Directeur qui ne se confor-
meraient pas aux dispositions réglementaires pres-
crites par l'Administration municipale.

Le Directeur ne pourra changer la buraliste et les
ouvreuses sans le consentement du Maire.

Art. 21. — Une subvention en argent de dix mille
francs est accordée au Directeur.

Cette subvention est spécialement destinée à faci-
liter au Directeur l'exploitation de l'opéra. Elle ne lui
sera payée que par tiers, de deux en deux mois, et le
premier paiement sera effectué au plus tôt le premier
décembre.

La Ville se réserve le droit de retenir tout ou partie
de la subvention si le Directeur ne se conformait pas
aux prescriptions de son cahier des charges, spécialement en ce qui concerne l'exploitation de l'opéra.

Art. 22. — La Ville fait assurer le Théâtre, le magasin à décors et tout ce qu'ils contiennent et qui
appartient à la Ville. Cette assurance est faite en raison
de cent quatre-vingts représentations, dans lesquelles
sont comprises les représentations extraordinaires
données ou non par le Directeur.

Si ce nombre de cent quatre-vingts était dépassé,
la Ville paie les primes convenues avec les compagnies

d'assurances et ces primes sont remboursées à la Ville par le Directeur.

En ce qui concerne les décors étrangers nécessaires pour les pièces à grand spectacle ou les féeries, le Directeur devra les faire assurer à ses frais, et présenter à l'Administration municipale la police d'assurances, et ce le jour même où ces décors sont introduits dans le Théâtre. Il en sera de même pour tous les objets quelconques appartenant au Directeur.

Art. 23. — le Directeur doit tout son temps et tous ses soins à l'exploitation du Théâtre de Reims. Il ne peut se charger personnellement, par association ou autrement, de la direction du théâtre d'aucune ville.

Il lui est également interdit de donner aucune représentation au dehors sans l'autorisation expresse du Maire.

Comme garantie de sa gestion et de l'exécution de toutes les obligations découlant de sa concession, le Directeur déposera dans une maison de banque agréée par la Ville un cautionnement de dix mille francs en espèces ou valeurs agréées par la Ville. Ce cautionnement ne sera remboursé qu'à l'expiration de la concession et lorsque le Directeur aura justifié de l'exécution complète de ses conventions avec la Ville, et notamment des obligations énumérées dans l'article 22.

Au début de l'année théâtrale, le Directeur devra désigner par lettre à l'Administration, la personne chargée de le remplacer comme mandataire responsable en cas d'absence ou de maladie.

Art. 24. — A l'expiration du traité, le Directeur devra remettre les lieux et le matériel concédés dans l'état où il l'aura pris, sauf les détériorations provenant de l'usage.

Dans le cas où il serait nécessaire d'avoir des décors neufs pour une pièce nouvelle, tous les frais seraient à la charge du Directeur, sauf entente avec l'Administration municipale.

Toutes les décorations nouvelles seront exécutées par le peintre décorateur agréé par l'Administration municipale (sauf pour les décors appartenant au Directeur).

Il ne pourra faire aucune modification aux décors sans l'autorisation écrite de l'Administration municipale.

Il est tenu aux réparations locatives et répondra notamment de toutes les dégradations provenant du personnel (acteurs, figurants ou agents quelconques), même de celui payé par la Ville.

Tous les objets et accessoires compris à l'inventaire du matériel seront sous sa sauvegarde et sa responsabilité.

Le chef du personnel doit veiller à leur entretien, et les dégradations qui pourraient survenir devront être réparées immédiatement aux frais du Directeur.

Lorsque la représentation d'un ouvrage devra imposer une surcharge plus ou moins considérable à une partie quelconque du Théâtre, le Directeur devra en avertir la Ville au moins huit jours à l'avance, et celle-ci pourra, si elle le juge utile, faire procéder à un étaiement aux frais du Directeur.

Art. 25. — Le Directeur est tenu de chauffer convenablement la salle et les foyers. On nettoiera tous les mois les tuyaux des poêles, calorifères et cheminées. En cas d'insuffisance de chaleur par suite de la négligence du Directeur ou de ses agents, les délégués auront la faculté d'y pourvoir d'office, aux frais de l'entreprise qui acquittera la dépense sans pouvoir en discuter le chiffre.

Les délégués auront les mêmes droits en cas d'insuffisance de l'éclairage.

Il ne devra être employé pour le chauffage que de

la houille de bonne qualité à l'exclusion de briquettes ou de tout autre combustible.

La ville de Reims se réserve le droit de remplacer l'éclairage au gaz par l'éclairage électrique, sans qu'il puisse en résulter un surcroit de dépenses pour le Directeur; mais s'il en résultait au contraire une économie, elle appartiendrait à la Ville.

Art. 26. — Le Directeur est tenu d'entretenir tout le Théâtre, sous-sols, salle, couloirs, foyers, loges, greniers et tout le mobilier dans un état constant d'entière propreté. La scène devra être balayée trois fois par jour, le matin à 8 heures, après la répétition de l'après-midi, et une fois pendant la représentation du soir.

Art. 27. — Le Directeur est tenu de se conformer exactement aux réglements et arrêtés existants ou à intervenir, spécialement en ce qui concerne la police du Théâtre, l'interdiction du séjour des étrangers sur la scène, foyers et loges d'artistes, le service des sapeurs-pompiers et les précautions à prendre contre l'incendie.

Il doit veiller à ce qu'on ne dégrade pas les appareils disposés pour les cas d'incendie. Les abords des loges des pompiers et du jeu d'orgue, des prises d'eau, des robinets et des lances doivent toujours être libres. Il devra faire prévenir le capitaine des jours de relâche ou de représentation en dehors de ceux ordinaires.

Lorsque des flammes ou des pièces d'artifice devront être employées pour les répétitions ou les représentations, le Directeur sera tenu d'en avertir l'officier des pompiers de service et de se conformer à ce qui lui sera prescrit par ce dernier pour éviter tout danger de sinistre.

Art. 28. — L'Administration municipale surveille par elle-même, par la commission théâtrale et par ses délégués, l'exécution du cahier des charges.

Elle se réserve le droit de dénoncer le traité en cas de non exécution d'une des clauses quelconques.

Art. 29. — Toutes les infractions au présent cahier des charges seront constatées par les délégués de l'Administration ou le commissaire de police et punies d'une amende de 50 fr., sans préjudice des poursuites qui pourraient être exercées.

Quand les représentations seront terminées après minuit, les indemnités de frais de soirée dues aux agents de police et aux pompiers seront doublées.

Art. 30. — Toutes les clauses du cahier des charges sont de stricte exécution et aucune d'elle ne pourra être réputée comminatoire.

Art. 31. — Le locataire du café du Théâtre a seul le droit de vendre, jusqu'à l'expiration de son bail, des rafraîchissements et comestibles divers dans l'in-l'intérieur du Théâtre pendant les représentations théâtrales seulement. Ces rafraîchissements et comestibles ne pourront être vendus que dans le buffet du premier étage et dans la buvette permanente établie à cet effet près des deuxièmes galeries, et suivant un tarif affiché, accepté par l'Administration municipale.

Pour l'exploitation de la buvette permanente établie près des deuxièmes galeries, le locataire ou les personnes à son service exclusivement auront le droit de pénétrer directement du café dans l'intérieur du Théâtre, à la condition de prévenir le concierge du Théâtre chaque fois qu'ils devront user de cette faculté ou qu'ils quitteront la buvette, afin que celui-ci établisse ou intercepte la communication. Toutefois, les jours où il n'y aura pas de représentation théâtrale, ils ne pourront user de cette faculté qu'une seule fois dans la journée. Le locataire est garant de toutes les personnes qui, par cette communication, entreraient du café dans l'intérieur du Théâtre sans

·être munies de billets ; il est responsable des infractions aux réglements que commettraient ces personnes et du préjudice qu'elles pourraient ainsi causer
à la Ville.

Reims, le 15 Février 1891.

Accepté :

Signé : VILLEFRANCK   Le Maire,

Signé : JOLLY, adjoint

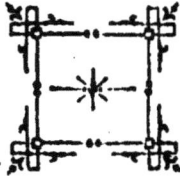

TABLE

—

VÉLOCIPÈDES

FRANÇAIS

CLÉMENT et Cie, de Paris

La plus ancienne et la plus importante Manufacture

CATALOGUE FRANCO

ECHANGES RÉPARATIONS

Agent Régional

A. COUTURIER, Reims

2, Rue de la Grosse-Ecritoire

DERRIÈRE L'HOTEL-DE-VILLE

GRAND
BUREAU DE PLACEMENT
Pour les deux Sexes et toutes professions
TENU PAR Mme SOUY

Veuve d'officier retraité et commissaire
de surveillance

2, Rue du Paulmier, 2
EPERNAY

CABINET D'AFFAIRES

GRAND CAFÉ DE PARIS
4, Rue Chanzy
A COTÉ DU THÉATRE
REIMS

RÉUNION DES VOYAGEURS DE COMMERCE

Consommation de premier choix.

SOUPERS FROIDS

USINE A VAPEUR

GRANDE FABRIQUE D'EAUX ET LIMONADES GAZEUSES

MADÈRES — SIROPS — MALAGAS

LIQUEURS & SPIRITUEUX

FÉLIX NETTER

16, Rue des Elus, 16

REIMS

TÉLÉPHONE

TÉLÉPHONE

E. BOURNIER
3, Rue du Cloître, 3
REIMS

Vente, Location, Accords de Pianos et Harmoniums

Instruments, Musique, Cordes harmoniques, Lutherie

RÉPARATIONS DE TOUS INSTRUMENTS
SPÉCIALITÉ DE RÉPARATIONS DE PIANOS

Vente depuis 25 fr. par mois, au comptant depuis 650 fr.

Céleste d'étude perfectionnée, posée à Reims à domicile, 30 francs. Clavier durcisseur

Nouveau pupitre incassable, pouvant se retirer et se replacer dans le piano sans en ouvrir le couvercle

PEINTURE ET VITRERIE

Collage de Papier

DÉCORS & ATTRIBUTS

— ❧✦❧ —

A. MILLAR

Adjudicataire des Travaux de la Ville

RUE CHARLIER, 8, Faubourg Cérès

REIMS

AU POISSON ROUGE

—×—

GRANDE SPÉCIALITÉ D'ARTICLES de PÊCHE

Maison TORCHET-LEFORT

BOUVY - LEFORT

Successeur

11, rue de Monsieur, et 1, rue Saint-Crépin
près la place des Marchés, à Reims

—✦—

BAMBOU D'AMÉRIQUE ET DES INDES, etc., etc.

Roseaux de Fréjus

SOIE DE CHINE IMPERMÉABLE

Grand assortiment de Filets de toute espèce faits et sur commande

RÉPARATION DE FILETS ET DE CANNES
En tous genres

Crins de Florence, Racines anglaises, Hameçons irlandais, Plumes de Cheartis, Amorces diverses

PHOTOGRAPHIE

GUSTAVE RENOIR

REIMS

POUR CAUSE D'AGRANDISSEMENT

Les Ateliers sont transférés

RUE CHANZY, 16

Ateliers de pose dans un
magnifique Jardin

PORTRAITS ÉMAILLÉS

DEPUIS 8 FRANCS LA DOUZAINE

Spécialité d'Agrandissement au Charbon

FIN D'UNE SERIE DE DOCUMENTS
EN COULEUR

www.ingramcontent.com/pod-product-compliance
Lightning Source LLC
Chambersburg PA
CBHW060635100426
42744CB00008B/1634